HÄDECKE

Catherine Kluger

Knuspermüsli & Granola

Fotos: Nathalie Carnet

REZEPTE

Süß knuspern

Salzig knuspern

Weitere Knusper-Ideen

Zutaten

Jede der verwendeten Zutaten leistet ihren eigenen Beitrag an gesunden Nähr- und Vitalstoffen und es tut dem Körper gut, zwischen ihnen immer wieder abzuwechseln, um so für eine ausgewogene Ernährung zu sorgen. Flocken, Körner und Ölsaaten können in den Mischungen unendlich variiert werden und sorgen auf diese Weise für genussvolle Abwechslung.

NÜSSE UND CO.

Sie liefern gesunde Fette, Ballast- und Mineralstoffe und dafür nur ganz wenige Kohlenhydrate. Dazu zählen u. a. Hasel- und Walnüsse, Mandeln, Cashewkerne, Pekan- und Macadamianüsse, Pistazien etc.

GETREIDE- UND SONSTIGE FLOCKEN

Vollwertige Cerealien besitzen einen niedrigen glykämischen Index, dafür zahlreiche Ballaststoffe und begünstigen dadurch eine gesunde Verdauung. Sie sorgen nach dem Frühstück für ein lang anhaltendes Sättigungsgefühl und verhindern so das Hungerloch am Vormittag. Die Getreide werden für Granolas bevorzugt in Flockenform verwendet, darunter Hafer, Dinkel oder Einkorn. Glutenfreie Flocken von Reis, Quinoa, Esskastanie und Kichererbse bringen zusätzliche Abwechslung.

KÖRNER

Ölsaaten sorgen für Vitamine, Anti-Oxidanzien und wichtige Mineralstoffe in der Nahrung. Verwendet werden hier u. a. Kürbiskerne, Sonnenblumenkerne, Sesamsaat, Leinsaat, Amarant, Chia, Fenchel- und Senfsaaten, Mohn und Koriander.

ÖLE UND FETTE

Hier kommen solche Öle und Fette zum Einsatz, die gut verdaulich sind und für eine ausgeglichene Fettsäuren-Zufuhr sorgen, wie natives Kokosöl, Oliven- und Rapsöl oder Ghee. Eher neutrale Öle eignen sich dabei für die Kombination mit geschmacksreichen Süßungsmitteln wie Honig oder Ahornsirup, kräftige Öle können gut mit Reis- oder Agavendicksaft kombiniert werden.

TROCKENFRÜCHTE

Aprikosen, Äpfel, Cranberrys, Feigen und andere Trockenfrüchte besitzen noch immer viele Vitamine, ihr Aroma wird durch das Trocknen aber intensiviert, ebenso ihr Zuckergehalt (weshalb man sie auch nur in Maßen genießen sollte). In kleine Stücke gehackt, sind sie für Müslis geschmackvolle Partner, die zugleich eine natürliche Süße liefern. Damit sie nicht zu trocken sind, werden sie immer erst kurz vor dem Verzehr hinzugefügt.

NATÜRLICHE SÜßE

Raffinierter Weißzucker ist ein Nährstoffräuber mit einem hohen Glyx (hohe Belastung des Blutzuckers), daher ist es sinnvoll, die Süße aus natürlichen Quellen zu nutzen. Zum einen über die o. g. Trockenfrüchte, zum anderen über möglichst unbehandelte, natürliche Süßungsmittel wie Honig, Melasse, Dicksäfte (Akazie, Agave, Streuobst, z. B. Apfel oder Birne), Kokosblütenzucker, Rohrohrzucker (z. B. Muscovado) etc.

Tipps & Tricks

KNUSPER-GRUNDREZEPT

Granola ist ein gebackenes bzw. geröstetes Knuspermüsli. Trockene Zutaten wie Getreideflocken, Körner, Kerne und Nüsse werden dazu mit einer feuchten Mischung verbunden, damit sie im Backofen schön knusprig werden. Dafür werden zunächst die Nüsse zerstoßen oder klein gehackt und mit den anderen trockenen Zutaten vermischt.

Vorbereitung der Nüsse und Kerne

Walnuss- oder Haselnusskerne auf einer Arbeitsfläche verteilen und mit Hilfe eines Pfannen- oder Topfbodens zerstoßen. Diese einfache und schnelle Methode funktioniert allerdings nicht mit Mandeln, die man besser mit einem Messer grob hackt oder in einer Küchenmaschine pulsierend zerkleinert, ohne sie dabei zu fein zu mahlen.

Bindung

Für ein knuspriges Granola wird die trockene Mischung vor dem Rösten mit einer feuchten Mischung auf Öl- oder Butterbasis vermengt. Das Fett mit Honig, Zucker oder anders süßen und beispielsweise noch Kakao oder Gewürze für unterschiedliche Geschmacksrichtungen dazugeben. Bei Salz sind Fleur de Sel bzw. Salzflocken knuspriger. Die feuchte Mischung zunächst erwärmen, damit sie möglichst flüssig wird, dann erst unter die trockenen Zutaten heben, damit das Granola nicht zu kompakt wird.

Rösten

Die vorbereitete Mischung gleichmäßig auf einem Backblech verteilen, ohne sie dabei zu fest anzudrücken. Während des Röstens immer wieder wenden und umrühren. Dazu das Blech kurz aus dem Backofen nehmen, die Mischung mit einem Löffel umrühren und wieder gleichmäßig auf dem Blech verteilen. Wer große Knusperstücke mag, die man mit den Fingern essen kann, sollte vor dem Rösten etwas mehr von der feuchten Masse unterheben.

Verfeinern

Für weitere Geschmacksrichtungen nach dem Rösten oder vor jedem Servieren noch Trockenobst, klein gehackte Schokolade oder Schokotropfen unter die gut abgekühlte Mischung heben.

Aufbewahrung

Vollständig abgekühlte Granolas lassen sich luftdicht verschlossen und vor Wärme und Feuchtigkeit geschützt mehrere Wochen aufbewahren.

Der Klassiker:

Honig-Knuspermüsli

Zubereitung: 20 Minuten · Röstzeit: 40 Minuten
7–10 Frühstücksportionen

250 g Vollkorn-Haferflocken
40 g Sonnenblumenkerne
40 g Kürbiskerne
30 g Sesamsaat
60 g Mandeln, nach Geschmack zerkleinert
100 g Honig
50 ml Raps- oder Sonnenblumenöl
50 ml Wasser
1 Prise Zimtpulver
1 Prise Salzflocken

1. Den Backofen auf 140 °C vorheizen.
2. Die Haferflocken mit Kernen, Sesam und Mandeln mischen.
3. Den Honig mit Öl, Wasser, Zimt und Salz erwärmen.
4. Die flüssige Mischung noch warm unter die trockenen Zutaten heben.
5. Die Müslimischung gleichmäßig auf einem Backblech verteilen und 40 Minuten im Ofen rösten, dabei alle zehn Minuten wenden und umrühren.

Genusstipp:
Im Sommer mit frischen
Erd- und Stachelbeeren servieren.

Schoko-Granola

Zubereitung: 20 Minuten · Röstzeit: 40 Minuten
7–10 Frühstücksportionen

250 Vollkorn-Haferflocken
35 g Sesamsaat
75 g Mandeln, klein gehackt
65 g Honig
75 g dunkle Schokolade, grob zerkleinert
25 ml Raps- oder natives Kokosöl
1 Prise Salzflocken

30 g dunkle Schokotropfen zum Servieren

1. Den Backofen auf 140 °C vorheizen.
2. Die Haferflocken mit Sesam und Mandeln mischen.
3. Den Honig mit Schokolade, Öl und Salz langsam erwärmen.
4. Die flüssige Mischung noch warm unter die trockenen Zutaten rühren.
5. Die Granolamischung gleichmäßig auf einem Backblech verteilen und 40 Minuten im Ofen rösten, dabei alle zehn Minuten wenden und umrühren. Sobald das Granola vollständig abgekühlt ist, die Schokotropfen untermischen.

Genusstipp:
Banane passt sehr gut dazu.

Schoko-Nuss-Granola

Zubereitung: 20 Minuten · Röstzeit: 40 Minuten
7–10 Frühstücksportionen

250 g Vollkorn-Haferflocken
60 g Haselnusskerne, zerstoßen
35 g Cashewkerne oder Pekannüsse, zerstoßen
15 g Sesamsaat
40 g geklärte Butter* oder Ghee
100 g Honig
25 g Kokosblütenzucker (oder Rapadura-, Muscovado-, Vollrohrzucker)
1 EL ungesüßtes Kakaopulver
1 Prise Salzflocken

120 g dunkle Schokolade, klein gehackt, zum Servieren

** Butter klären: Butter in einem kleinen Topf bei geringer Hitze langsam zerlassen. Mit einem Löffel den weißen Schaum abschöpfen.*

1. Den Backofen auf 140 °C vorheizen.
2. Die Haferflocken mit Haselnüssen, Cashews und Sesam mischen.
3. Ghee erwärmen, bis es flüssig ist, oder die frisch geklärte Butter verwenden.
4. Butter oder Ghee mit Honig, Zucker, Kakao und Salz verrühren. Die Mischung dabei weiter warm halten, ohne dass sie aufkocht.
5. Die flüssige Mischung noch warm unter die trockenen Zutaten rühren.
6. Die Granolamischung gleichmäßig auf einem Backblech verteilen. 40 Minuten im Ofen rösten, dabei alle zehn Minuten wenden und umrühren.
7. Sobald das Granola vollständig abgekühlt ist, die Schokostücke untermischen.

Genusstipp: In Joghurt oder Joghurt auf Pflanzenbasis servieren.

Nussiges
Knuspermüsli

Zubereitung: 20 Minuten · *Röstzeit: 40 Minuten*
7–10 Frühstücksportionen

175 g Vollkorn-Haferflocken
75 g Einkornflocken
25 g Leinsamen
25 g Sesamsaat
65 g Haselnusskerne, zerstoßen
10 g gepuffte Quinoa
70 g Haselnussmus
50 g Ahornsirup
60 ml Wasser
1 Prise Salzflocken

20–25 g getrocknete Apfelringe, nach Geschmack zerkleinert, zum Servieren

1. Den Backofen auf 140 °C vorheizen.
2. Die Getreideflocken mit Samen, Haselnüssen und Quinoa mischen.
3. Das Haselnussmus mit Ahornsirup, Wasser und Salz erwärmen. Mit einem Schneebesen so lange rühren, bis die Masse glatt und flüssig ist.
4. Die flüssige Mischung noch warm unter die trockenen Zutaten rühren.
5. Die Müslimischung gleichmäßig auf einem Backblech verteilen und 40 Minuten im Ofen rösten, dabei alle zehn Minuten wenden und umrühren.
6. Sobald die Müslimischung vollständig abgekühlt ist, die geschnittenen Apfelringe untermischen.

Genusstipp:
Mit Früchten der Saison in Joghurt oder Joghurt auf Pflanzenbasis servieren.

Gesundes
Vegan-Granola

Zubereitung: 20 Minuten · Röstzeit: 40 Minuten

7–10 Frühstücksportionen

250 g Vollkorn-Haferflocken
25 g Leinsamen
15 g Sesamsaat
1 EL Fenchelsamen
50 g Sonnenblumenkerne
75 g Mischung aus Cashewkernen und Mandeln, klein gehackt
65 ml Olivenöl
65 ml Agavensirup
60 ml Wasser oder naturtrüber Apfelsaft
1 EL Rosenwasser
1 Prise Salzflocken

1. Den Backofen auf 140 °C vorheizen.
2. Die Haferflocken mit Samen, Kernen, Cashews und Mandeln mischen.
3. Die restlichen Zutaten unter ständigem Rühren erwärmen, dann als flüssige Mischung noch warm unter die trockenen Zutaten mischen.
4. Die Granolamischung gleichmäßig auf einem Backblech verteilen und 40 Minuten im Ofen rösten, dabei alle zehn Minuten wenden und umrühren.

Genusstipp:
Mit Avocado, Himbeeren und nach Geschmack mit frischem Basilikum servieren.

Glutenfreies
Knuspermüsli

Zubereitung: 20 Minuten · Röstzeit: 45 Minuten
7–10 Frühstücksportionen

120 g Quinoaflocken
120 g Reisflocken
15 g gepuffte Quinoa
60 g Pistazien und/oder Haselnusskerne, zerstoßen
50 g Sesamsaat
80 g Sonnenblumenkerne
1 EL Koriandersamen, zerstoßen
½–1 Bund frischer Koriander, gewaschen, trockengeschüttelt und harte Stiele entfernt
1 EL Wasser
20 g Reissirup
20 g Ahornsirup
40 ml neutrales Öl
15 g helles Sesamöl
1 Prise Salzflocken

1. Den Backofen auf 140 °C vorheizen.
2. Die Flocken mit gepuffter Quinoa, Kernen, Samen und zerstoßenen Nüssen mischen. Den Koriander mit Wasser pürieren.
3. Den Reis- und Ahornsirup erwärmen, Öle und Salz unterrühren. Den Topf vom Herd nehmen, Korianderpüree unterrühren und die Mischung noch warm unter die trockenen Zutaten rühren.
4. Die Müslimischung gleichmäßig auf einem Backblech verteilen und 40 Minuten im Ofen rösten, dabei alle zehn Minuten wenden und umrühren.

Genusstipp:
Frisch ausgelöste Granatapfelkerne darüber streuen und nach Geschmack noch geröstete Kokos-Chips oder -Flakes untermischen.

Sommer-Granola

mit Beeren

Zubereitung: 20 Minuten · Röstzeit: 45 Minuten
7–10 Frühstücksportionen

500–600 g Erdbeeren und/ oder Himbeeren, geputzt

175 g Vollkorn-Haferflocken
75 g Buchweizenflocken
50 g gerösteter Buchweizen
35 g Sesamsaat
60 g Mandeln, klein gehackt
50 g Cashewkerne, zerstoßen
100 g Erdbeer- oder Himbeerkonfitüre
40 g Honig
50 ml natives Kokosöl
30 ml Wasser oder Apfelsaft
1 Prise Salzflocken

1. Den Backofen auf 100 °C vorheizen.
2. Die Beeren 60–70 Minuten darin trocknen, alternativ ein Dörrgerät verwenden.
3. Die Temperatur im Backofen auf 140 °C erhöhen.
4. Die Hafer- und Buchweizenflocken mit geröstetem Buchweizen, Sesam, Mandeln und Cashews vermischen.
5. Die Marmelade mit Honig, Öl, Wasser oder Apfelsaft und Salz erwärmen.
6. Die flüssige, warme Mischung unter die trockenen Zutaten rühren.
7. Die Granolamischung gleichmäßig auf einem Backblech verteilen und 40 Minuten im Ofen rösten, dabei alle zehn Minuten wenden und umrühren.
8. Sobald die Granolamischung vollständig abgekühlt ist, die getrockneten Beeren untermischen.

Genusstipp: In Joghurt oder Joghurt auf Pflanzenbasis servieren.

Herbst-Granola

mit Zitrusfrüchten und Kardamom

Zubereitung: 20 Minuten · Röstzeit: 40 Minuten
7–10 Frühstücksportionen

250 g Vollkorn-Haferflocken
40 g Cashewkerne, zerstoßen
40 g Sonnenblumenkerne
40 g Mandeln oder Haselnusskerne, nach Geschmack zerkleinert
25 g Sesamsaat
50 g Kürbiskerne
75 g Honig
50 ml Raps- oder Sonnenblumenöl
40 g Apfelmus
2 TL grüne Kardamomsamen, gemahlen
1 Bio-Orange oder 2 Bio-Mandarinen, Schalenabrieb und Saft
1 Prise Salzflocken

100 g getrocknete Aprikosen zum Servieren

1. Den Backofen auf 140 °C vorheizen.
2. Die Haferflocken mit Kernen, Mandeln oder Haselnüssen und Samen mischen.
3. Den Honig mit Öl, Apfelmus, Saft und Schalenabrieb der Orange oder Mandarinen, Kardamompulver und Salz erwärmen. Gut verrühren und als flüssige Mischung noch warm unter die trockenen Zutaten mengen.
4. Die Granolamischung gleichmäßig auf einem Backblech verteilen und 40 Minuten im Ofen rösten, dabei alle zehn Minuten wenden und umrühren.
5. Die getrockneten Aprikosen in kleine Würfel schneiden und unter das gut abgekühlte Granola mischen.

Genusstipp: Mit frischen Orangen- oder Mandarinenfilets in Joghurt oder Joghurt auf Pflanzenbasis servieren.

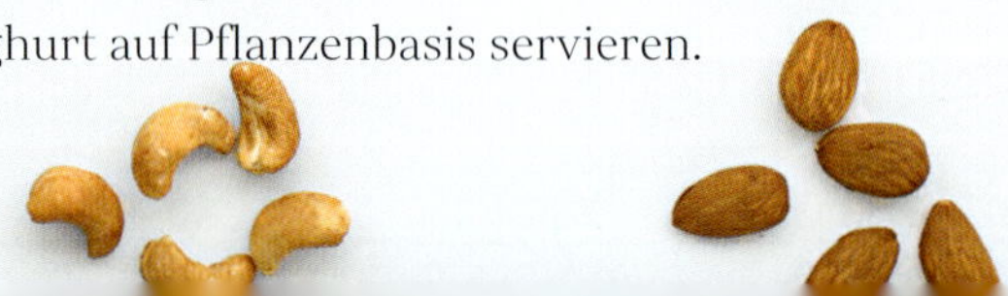

Warm-würziges Winter-Granola

mit Banane und Feigen

Zubereitung: 20 Minuten · Röstzeit: 40 Minuten

7–10 Frühstücksportionen

125 g Vollkorn-Haferflocken
125 g Einkornflocken
10 g gepuffte Quinoa
20 g Amarant
25 g Leinsamen
45 g Kürbiskerne
60 g Walnusskerne, zerstoßen
50 ml Kokossirup
2 Bananen (etwa 150 g), geschält und püriert
45 ml natives Kokosöl
2 TL Quatre-épices-Gewürzmischung* oder Lebkuchengewürz
1 Prise Salzflocken

50–80 g getrocknete Feigen, in kleine Würfel geschnitten, oder frische, klein gewürfelte Feigen zum Servieren

1. Den Backofen auf 140 °C vorheizen.
2. Die Flocken mit Quinoa-Pops, Amarant, Kernen, Samen und Nüssen mischen.
3. Den Kokossirup mit Bananenpüree vorsichtig erwärmen, dann Öl, Gewürze und Salz unterrühren.
4. Die flüssige Mischung noch warm unter die trockenen Zutaten rühren.
5. Die Granolamischung gleichmäßig auf einem Backblech verteilen und 40 Minuten im Ofen rösten, dabei alle zehn Minuten wenden und umrühren.
6. Die Feigen unter das gut abgekühlte Granola mischen.

** französische Gewürzmischung mit weißem Pfeffer, Muskatnuss, Ingwer oder Zimt, Gewürznelken*

Genusstipp: Mit kleingeschnittenen Früchten der Saison, z. B. spätem Steinobst, in Joghurt oder Joghurt auf Pflanzenbasis servieren.

Frühlings-Granola

mit Rhabarber und Kokos

Zubereitung: 20 Minuten · Röstzeit: 40 Minuten
7–10 Frühstücksportionen

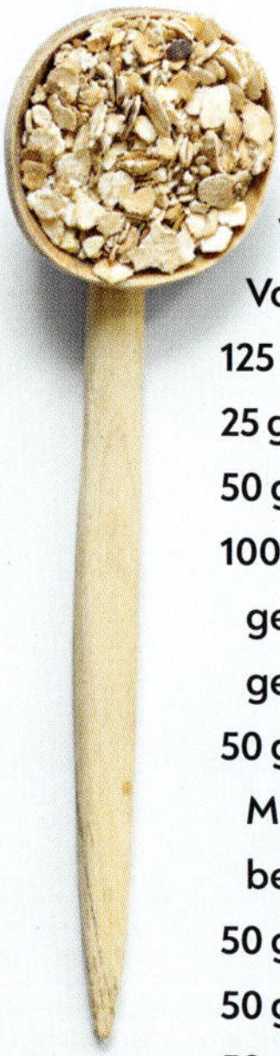

125 g Einkorn- oder Vollkorn-Haferflocken
125 g Kastanienflocken
25 g Leinsamen
50 g Kokosraspel
100 g Haselnusskerne und Mandeln, gemischt und zerstoßen bzw. klein gehackt
50 g Rhabarberkompott (oder eine Mischung aus Rhabarber und Himbeeren)
50 g Honig
50 g Mandelmus
50 ml Raps- oder natives Kokosöl
1 Prise Salzflocken

1. Den Backofen auf 140 °C vorheizen.
2. Die Flocken mit Leinsamen, Kokosraspeln und Nüssen mischen.
3. Das Kompott mit Honig, Mandelmus, Öl und Salz behutsam erwärmen und glatt rühren.
4. Die flüssige Mischung noch warm unter die trockenen Zutaten rühren.
5. Die Granolamischung gleichmäßig auf einem Backblech verteilen und 40 Minuten im Ofen rösten, dabei alle zehn Minuten wenden und umrühren.

Genusstipp:
Mit Frischkäse oder Quark servieren.

Saaten-Knuspermüsli

mit Mohn und Zitrone

Zubereitung: 20 Minuten · Röstzeit: 45 Minuten
7–10 Frühstücksportionen

250 g Vollkorn-Haferflocken oder Getreideflocken-Mischung
70 g Kokosraspel
30 g Sesamsaat
30 g Leinsamen
70 g Sonnenblumenkerne
50 g Kürbiskerne
15 g Blaumohn
50 g Haselnusskerne, zerstoßen
50 g Mandeln, klein gehackt
70 g Honig oder Ahornsirup
70 ml Oliven- oder Rapsöl
2 Bio-Zitronen, Schalenabrieb und Saft
1 Prise Salzflocken

getrocknete Cranberries oder Sauerkirschen zum Servieren

1. Den Backofen auf 140 °C vorheizen.
2. Die Flocken mit Kokosraspeln, den Saaten und Nüssen mischen.
3. Den Honig oder Ahornsirup mit Öl, Zitronensaft und -Schalenabrieb sowie Salz langsam erwärmen.
4. Die flüssige Mischung noch warm unter die trockenen Zutaten rühren.
5. Die Müslimischung gleichmäßig auf einem Backblech verteilen und 40 Minuten im Ofen rösten, dabei alle zehn Minuten wenden und umrühren.
6. Die Trockenfrüchte nach Geschmack unter das gut abgekühlte Knuspermüsli mischen.

Genusstipp: Mit Früchten der Saison oder frühen Aprikosen in Joghurt oder Joghurt auf Pflanzenbasis servieren.

Mandel-Kaffee-Granola

Zubereitung: 20 Minuten · Röstzeit: 45 Minuten
7–10 Frühstücksportionen

250 g Vollkorn-Haferflocken
75 g Mandeln, klein gehackt
20 g Haselnusskerne, zerstoßen
40 g Sonnenblumenkerne
20 g Leinsamen
10 g Amarant
2 EL Kaffeebohnen, mit einer Teigrolle zerstoßen oder grob gemahlen
75 g Honig
50 ml Espresso
50 ml Rapsöl
1 Prise Salzflocken

1. Den Backofen auf 140 °C vorheizen.
2. Die Haferflocken mit Nüssen, Saaten, Amarant und Kaffeebohnen mischen.
3. Den Honig mit Espresso, Öl und Salz langsam erwärmen.
4. Die flüssige Mischung noch warm unter die trockenen Zutaten rühren.
5. Die Granolamischung gleichmäßig auf einem Backblech verteilen und 40 Minuten im Ofen rösten, dabei alle zehn Minuten wenden und umrühren.

Genusstipp:
Mit selbst gemachter Schokocreme
oder auf Schokojoghurt (gibt es auch vegan) servieren.

Glutenfreies
Gewürz-Granola

Zubereitung: 20 Minuten · Röstzeit: 40 Minuten
7–10 Frühstücksportionen

220 g Kichererbsenflocken
20 g gepuffte Quinoa
100 g Mandelblättchen
80 g Kokoschips oder -flakes
50 g Kürbiskerne
50 g Sonnenblumenkerne
30 g Sesamsaat
30 g Leinsamen
30 g Amarant
150 ml Reissirup
50 ml Ahornsirup
80 ml Rapsöl
2 TL flüssiges Vanillearoma oder ½ TL Mark aus einer Vanillestange
1 TL Chai-Masala-Gewürzmischung* oder Lebkuchengewürz
40 ml Wasser
1 Prise Salzflocken

** indisches Teegewürz, u.a. mit Kardamom, Gewürznelken, Zimt, Piment und manchmal auch Ingwer*

1. Den Backofen auf 140 °C vorheizen.
2. Die Kichererbsenflocken mit den restlichen trockenen Zutaten vermischen.
3. Die Sirupe mit Öl, Gewürzen, Wasser und Salz behutsam erwärmen.
4. Die flüssige Mischung noch warm unter die trockenen Zutaten rühren.
5. Die Granolamischung gleichmäßig auf einem Backblech verteilen und 40 Minuten im Ofen rösten, dabei alle zehn Minuten wenden und umrühren.

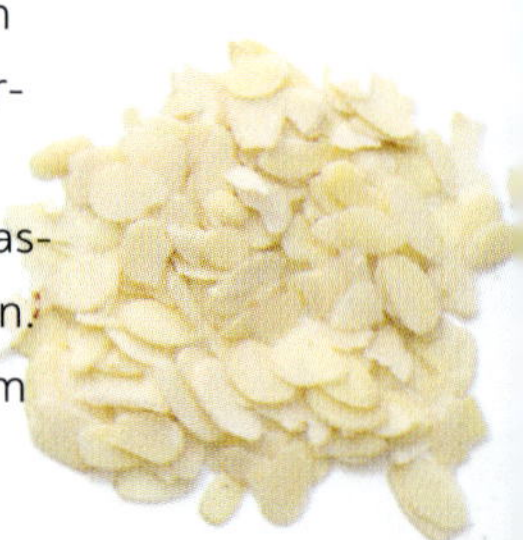

Genusstipp: Mit Nektarinen oder Pfirsichen in Joghurt oder Joghurt auf Pflanzenbasis servieren.

Kichererbsen-Erdnussbutter-Granola

Zubereitung: 20 Minuten · Röstzeit: 40 Minuten

7–10 Frühstücksportionen

200 g Vollkorn-Haferflocken
50 g Kichererbsenflocken
10 g gepuffte Quinoa
100 g gegarte Kichererbsen, z. B. aus dem Glas
60 g Haselnusskerne, zerstoßen
30 g Leinsamen
20 g Sonnenblumenkerne
70 g Erdnussbutter
50 g Ahornsirup
20 ml Rapsöl oder natives Kokosöl
60 ml Wasser
1 Vanillestange, ausgekratztes Mark, oder 1 TL flüssiges Vanillearoma
1 Prise Salzflocken

1. Den Backofen auf 140 °C vorheizen.
2. Die Flocken mit gepuffter Quinoa, Kichererbsen, Haselnüssen und Saaten mischen.
3. Die Erdnussbutter mit Ahornsirup, Öl, Wasser, Vanille und Salz langsam erwärmen.
4. Die flüssige Mischung noch warm unter die trockenen Zutaten rühren.
5. Die Garnolamischung gleichmäßig auf einem Backblech verteilen und 40 Minuten im Ofen rösten, dabei alle zehn Minuten wenden und umrühren.

Genusstipp:

Mit klein gehackten Trockenfrüchtem, z. B. Aprikosen, in leichten veganen Joghurts, z. B. Kokosjoghurt, servieren.

Saaten-Knusper-Topping

mit Fenchel und Chili

Zubereitung: 20 Minuten · *Röstzeit: 40 Minuten*

7–10 Portionen

250 g Vollkorn-Haferflocken
35 g Mandeln, klein gehackt
50 g Sonnenblumenkerne
20 g Sesamsaat
15 g Kürbiskerne
10 g Haselnusskerne, zerstoßen
15 g Amarant
15 g Leinsamen
1 EL Fenchelsamen
2 Eiweiß
30 ml Wasser
60 ml Rapsöl
15 g flüssiger Honig
1 TL mildes Chilipulver oder Piment d'Espelette
1 Prise Salzflocken

1. Den Backofen auf 140 °C vorheizen.
2. Die Haferflocken mit den restlichen trockenen Zutaten vermischen.
3. Das Eiweiß leicht mit Wasser verquirlen. Dann mit Öl, Honig, Gewürz und Salz gründlich verrühren.
4. Die flüssige Mischung mit den trockenen Zutaten vermengen.
5. Das Topping gleichmäßig auf einem Backblech verteilen und 40 Minuten im Ofen rösten, dabei alle zehn Minuten wenden und umrühren.

Genusstipp:

Das Topping passt richtig gut zu geraspelten verschiedenfarbigen Beten (Gelbe und Rote Bete und Chioggia- bzw. Ringel-Bete) oder zu einer Wurzelgemüse-Rohkost.

Nuss-Oregano-Topping

Zubereitung: 20 Minuten · Röstzeit: 40 Minuten

7–10 Portionen

250 g Vollkorn-Haferflocken
30 g Cashewkerne, zerstoßen
30 g Haselnusskerne, zerstoßen
30 g Sonnenblumenkerne
20 g Sesamsaat
15 g Leinsamen
10 g Amarant
40 g dunkle Oliven ohne Kern, grob gehackt
2 Eiweiß
30 ml Wasser
10 g Honig
50 ml Olivenöl
1 EL getrockneter Oregano
1 Prise Salzflocken

1. Den Backofen auf 140 °C vorheizen.
2. Die Haferflocken mit den restlichen trockenen Zutaten und den Oliven vermischen.
3. Das Eiweiß leicht mit Wasser verquirlen. Dann mit Honig, Öl, Oregano und Salz gründlich verrühren.
4. Die flüssige Mischung mit den trockenen Zutaten vermengen.
5. Die Müslimischung gleichmäßig auf einem Backblech verteilen und 40 Minuten im Ofen rösten, dabei alle zehn Minuten wenden und umrühren.

Genusstipp:

Das Topping schmeckt hervorragend zu Ziegenfrischkäse mit Avocadomus und frischen Feigen.

Curry-Cashew-Crunch

Zubereitung: 20 Minuten · Röstzeit: 40 Minuten
7–10 Portionen

200 g Vollkorn-Haferflocken
50 g Quinoaflocken
15 g gepuffte Quinoa
40 g Kokosraspel
60 g Cashewkerne, grob zerstoßen
30 g Sonnenblumenkerne
25 g Kürbiskerne
2 Eiweiß
50 ml Wasser
1 Bund Koriander, gewaschen, trockengeschüttelt und harte Stiele entfernt
50 g natives Kokosöl
1 EL mildes Currypulver
1 Prise Salzflocken

Genusstipp:
Als Topping sehr fein zu Quark und Radieschen. Wer möchte, behält ein wenig Koriander zurück und streut ihn über den Quark.

1. Den Backofen auf 140 °C vorheizen.
2. Die Flocken mit Quinoa-Pops, Kokosraspeln, Cashews, Sonnenblumen- und Kürbiskernen mischen.
3. Das Kokosöl eventuell leicht erwärmen, damit es flüssig wird. Dann mit Koriander und Wasser pürieren.
4. Das Eiweiß leicht verquirlen und mit Currypulver und Salz unter das Korianderpüree mischen.
5. Die flüssige Mischung unter die trockenen Zutaten rühren.
6. Die Mischung gleichmäßig auf einem Backblech verteilen und 40 Minuten im Ofen rösten, dabei alle zehn Minuten wenden und umrühren.

Croccante

mit Tomate, Basilikum und Parmesan

Zubereitung: 20 Minuten · Röstzeit: 40 Minuten
7–10 Portionen

200 g Vollkorn-Haferflocken
100 g Quinoaflocken
60 g Sonnenblumenkerne
50 g Mandeln, kleingehackt
40 g Leinsamen
40 g Pinienkerne
1 Bund Basilikum, gewaschen und trockengeschüttelt, harte Stiele entfernt
30 ml Wasser
50 ml Olivenöl
50 ml Tomatensauce bzw. pürierte Tomaten
20 g Parmesan, frisch gerieben
25 g getrocknete Tomaten, kleingehackt
2 Eiweiß
1 Prise Salzflocken

1. Den Backofen auf 140°C vorheizen.
2. Die Flocken mit Sonnenblumenkernen, Mandeln, Leinsamen und Pinienkernen mischen.
3. Das Basilikum mit Wasser und Öl pürieren. Eiweiß leicht verquirlen und mit Tomatensauce, getrockneten Tomaten, Parmesan und Salz unter das Basilikumpüree rühren.
4. Die flüssige Mischung mit den trockenen Zutaten vermengen.
5. Die Croccante-Mischung gleichmäßig auf einem Backblech verteilen und 40 Minuten im Ofen rösten, dabei alle zehn Minuten wenden und umrühren.

Genusstipp:
Das Croccante passt sehr gut zu einem Zucchini-Carpaccio.

Salat-Knusper-Topping

mit Karotten und Ingwer

Zubereitung: 20 Minuten · Röstzeit: 40 Minuten
7–10 Portionen

250 g Vollkorn-Haferflocken
50 g Sonnenblumenkerne
40 g Kürbiskerne
40 g Sesamsaat
50 g Haselnusskerne, zerstoßen
30 g Mandeln, kleingehackt
250 g Karotten, geschält
20-25 g frischer Ingwer, geschält
60 ml Olivenöl
60 ml Agaven- oder Ahornsirup
1 Prise Salzflocken

Genusstipp:
Das Topping schmeckt sehr gut zu einem grünen Salat, der mit langen, dünnen Karottenhobeln in verschieden Farben und frischen Kräutern nach Geschmack ergänzt wurde. Dazu passt als Dressing eine einfache Vinaigrette.

1. Den Backofen auf 140 °C vorheizen.
2. Die Haferflocken mit Sonnenblumen- und Kürbiskernen, Sesam und Nüssen mischen.
3. Karotten und Ingwer in Stücke schneiden und in einer Saftpresse auspressen. 60 ml Möhren-Ingwersaft mitsamt ausgepresstem Fruchtfleisch, Öl, Sirup und Salz vermischen.
4. Die flüssige Mischung mit den trockenen Zutaten vermengen.
5. Die Topping-Mischung gleichmäßig auf einem Backblech verteilen und 40 Minuten im Ofen rösten, dabei alle zehn Minuten wenden und umrühren.

Knuspriges
Bircher-Müsli

Zubereitung: 10 Minuten · Ruhezeit: mindestens 1 Stunde
2 Portionen

200 g Naturjoghurt
70 g süßes Granola nach Geschmack (siehe Seiten 8–34)
2 EL Agavensirup, Ahornsirup oder Honig
1 TL Sesamsaat oder Leinsamen
1 EL Sonnenblumenkerne
1 EL Kürbiskerne
1 Banane, geschält und püriert
100 g rote Beerenmischung, frisch oder tiefgefroren
2 TL getrocknete Cranberries

1 ungeschälter Apfel, grob gerieben und mit 1 EL Zitronensaft beträufelt, zum Servieren

1. Das Joghurt mit zwei Dritteln der Granolamischung, Sirup oder Honig, Körnern und Kernen, Banane und jeweils der Hälfte der Beeren und Cranberries verrühren.
2. Die Mischung in zwei Schalen verteilen und mindestens eine Stunde (bis zu einer Nacht) kaltstellen.
3. Kurz vor dem Servieren den geriebenen Apfel darüber geben und das Müsli mit dem restlichen Granola und den übrigen roten Beeren und Cranberries bestreuen.

Vegane
Bananen-Açai-Bowl

Zubereitung: 10 Minuten · Ruhezeit: mindestens 1 Stunde
2 Portionen

30 ml pflanzliche Milch, z. B. Soja-, Mandel- oder Hafermilch
25 g Açaí-Püree*
1 EL Zitronensaft
2 Bananen, geschält und püriert
1 EL Agaven-, Ahornsirup oder Honig
70 g süßes Granola nach Geschmack (siehe Seiten 8–34)

** Açaí-Püree am besten im Bio-Laden oder Reformhaus kaufen oder auf Bio-Angebote in gut sortierten Supermärkten zurückgreifen. Das Superfood aus dem Regenwald besitzt viele gesunde Inhaltsstoffe. Alternativ kann man frische Heidel- oder Blaubeeren pürieren.*

1. Die vegane Milch mit Sirup oder Honig, Açaí-Püree, Zitronensaft und Bananen-Püree vermischen.
2. Die Mischung in zwei Schüsseln verteilen und mindestens eine Stunde kaltstellen.
3. Kurz vor dem Servieren mit dem Granola nach Wahl bestreuen.

Genusstipp:
Die Bowl noch mit Bananenscheiben und frischen Heidelbeeren ergänzen.

Chia-
Granatapfel-Flan

Zubereitung: 5 Minuten · *Ruhezeit: mindestens 1 Stunde*
2 Portionen

30 g Chiasamen*
20 g pflanzliche Milch nach Geschmack
1 EL Agaven-, Ahornsirup oder Honig
70 g süßes Granola nach Geschmack (siehe Seiten 8–34)
1 Granatapfel, Kerne ausgelöst, oder Früchte der Saison, geputzt und kleingeschnitten

** Wer Chia durch heimische Saaten ersetzen möchte, kann Leinsamen, Hanfsaat oder auch Brennnessel-Samen verwenden.*

1. Die vegane Milch mit Sirup oder Honig, Chiasamen, der Hälfte der Granatapfelkerne oder der kleingeschnittenen Früchte vermischen.
2. Die Mischung auf zwei Schalen verteilen und mindestens eine Stunde kaltstellen.
3. Kurz vor dem Servieren mit dem Granola nach Wahl und den restlichen Granatapfelkernen oder Früchten bestreuen.

Grüntee-Muffins
mit Granola-Topping

Zubereitung: 20 Minuten · Backzeit: 25 Minuten
12 Muffins

5 Eier, getrennt
50 g Kokosblütenzucker, Rapadura- oder anderer Vollzucker
170 g Puderzucker
250 g sehr weiche Butter
225 g Weizenmehl, Type 550
1 Pck Backpulver
15 g Matcha* (Grüntee-Pulver)
100–120 g süßes Granola nach Geschmack (siehe Seiten 8–34)

großes 12er-Muffinblech

** Matcha gibt es auch in Koch- und Backqualität, dann ist das Grüntee-Pulver etwas preisgünstiger als jenes, das für Tee verwendet wird.*

1. Die Eigelbe mit Zucker und Puderzucker mit einem Schneebesen hell aufschlagen und die weiche Butter unterrühren.
2. Das Mehl mit Backpulver und Matcha vermischen und mit dem Schneebesen unter die Ei-Butter-Mischung ziehen.
3. Eiweiß in einem fettfreien Gefäß sehr steif schlagen und behutsam unter den Teig heben.
4. Den Backofen auf 180 °C vorheizen.
5. Ein Muffinblech mit zwölf Mulden einfetten, Teig hineingeben und mit Granola nach Wahl bestreuen.
6. Die Muffins im vorgeheizten Ofen 25 Minuten auf der mittleren Schiene backen.

Knuspriger Tarte-Teig

für Obstkuchen

Zubereitung: 20 Minuten · Ruhezeit: mindestens 2 Stunden
Backzeit: 30 Minuten

für 1 Tarteform mit Ø 28 cm

50 g süßes Granola nach Geschmack (siehe Seiten 8–34)

100 g eiskalte Butter, klein gewürfelt
200 g Weizenmehl, Type 550
25 g gemahlene Mandeln
60 g Puderzucker
1 Ei, verquirlt

Genusstipp:
Abgekühlten Tarteboden mit frischen Früchten nach Geschmack belegen und z. B. mit Tortenglasur überziehen. Oder zwischen Früchte und Boden noch eine Vanillepuddingschicht geben.

1. Das Granola zu grobem Pulver vermahlen.
2. Butterwürfel, Mehl, gemahlene Mandeln und Puderzucker mit den Händen oder in einer Küchenmaschine zu sehr feinen Streuseln verkneten.
3. Das Ei mit gemahlener Granola kurz einarbeiten, den Teig zu einer Kugel formen, etwas flach drücken und in einem luftdicht schließenden Gefäß mindestens zwei Stunden im Kühlschrank ruhen lassen.
4. Den Backofen auf 170 °C vorheizen.
5. Den Teig ausrollen und eine gefettete Tarteform damit auskleiden. Zum Blindbacken Hülsenfrüchte oder Backkugeln auf den Tarteboden geben, damit sich dieser nicht wölbt, und 30 Minuten im vorgeheizten Ofen backen.
6. Der Kuchenboden lässt sich gut auf Vorrat zubereiten und abgedeckt zwei bis drei Tage im Kühlschrank aufbewahren oder auch einfrieren.

Crunchy
Chocolate Cookies

Zubereitung: 20 Minuten · *Backzeit: 10–12 Minuten*
etwa 20 Cookies

100 g kalte Butter, in kleine Würfel geschnitten
180 g Weizenmehl, Type 550
50 g Kokosblütenzucker, Rapadura oder anderer Vollzucker
1 Prise Salzflocken
25 g natives Kokosöl
1 Ei, verquirlt
150 g Schoko-Granola (siehe Seite 10)

1. Die Butterwürfel mit Mehl, Zucker und Salz mit den Händen oder in einer Küchenmaschine rasch zu sehr feinen Streuseln verkneten. Dann Ei, Öl und Granola kurz einarbeiten.
2. Den Backofen auf 180 °C vorheizen.
3. Aus dem Teig 20 gleichgroße Kugeln formen. Diese auf einem mit Backpapier ausgelegten Backblech in großen Abständen flach drücken.
4. Die Cookies 10–12 Minuten im vorgeheizten Ofen auf der mittleren Schiene backen.
5. Noch auf dem Backblech etwas abkühlen lassen, bevor sie auf einem Kuchenrost vollständig auskühlen dürfen.

Knusper-
Aprikosen-Riegel

Zubereitung: 10 Minuten · Backzeit: 30 Minuten
7–10 Müsliriegel

200 g süßes Granola nach Wahl (siehe Seiten 8–34)
50 g Vollkorn-Haferflocken
15 g Amarant
20 g Chiasamen (s. a. Seite 50)
30 g getrocknete Aprikosen, in kleine Würfel geschnitten
1 TL Zimtpulver
50 g natives Kokosöl
50 g Ahornsirup

1. Den Backofen auf 140 °C vorheizen.
2. Das Granola mit Haferflocken, Amarant, Chiasamen, Aprikosen und Zimt vermischen.
3. Das leicht erwärmte Kokosöl mit Sirup verrühren und unter die trockenen Zutaten mischen.
4. Die Müslimischung auf ein mit Backpapier ausgelegtes Backblech geben und mit einer Teigrolle zu einem kompakten Rechteck auswellen oder mit den Fingern flach drücken.
5. Die Masse 30 Minuten im vorgeheizten Ofen auf der mittleren Schiene backen.
6. Etwas abkühlen lassen und in rechteckige Müsliriegel schneiden.

Kokos-Energieriegel

Zubereitung: 10 Minuten · Backzeit: 30 Minuten

7–10 Müsliriegel

150 g süßes Granola nach Wahl (siehe Seiten 8–34)
75 g Vollkorn-Haferflocken
15 g Amarant
20 g Chiasamen (s. a. Seite 50)
40 g Kokosraspel
50 g natives Kokosöl
40 ml Reissirup
30 g Haselnussmus

1. Den Backofen auf 140 °C vorheizen.
2. Das Granola mit Haferflocken, Amarant, Chiasamen und Kokosraspeln vermischen.
3. Das Kokosöl leicht erwärmen, bis es etwas flüssig ist, und mit Sirup und Haselnussmus glattrühren.
4. Die feuchten Zutaten mit den trockenen vermengen.
5. Die Müslimischung auf ein mit Backpapier ausgelegtes Backblech geben und mit einer Teigrolle zu einem kompakten Rechteck auswellen oder mit den Fingern flach drücken.
6. Die Masse 30 Minuten im vorgeheizten Ofen auf der mittleren Schiene backen.
7. Etwas abkühlen lassen und in rechteckige Müsliriegel schneiden.

Genusstipp:
Nach Geschmack noch getrocknete Cranberries oder Sauerkirschen in die Mischung geben.

Würzige Knusperriegel

mit Roter Bete

Zubereitung: 10 Minuten · *Backzeit: 30 Minuten*

7–10 Knusperriegel

80 g salziges Granola nach Wahl (siehe Seiten 36–47)
40 g Vollkorn-Haferflocken
1 kleine Rote Bete, geschält und grob gerieben
15 g Amarant
20 g Chiasamen (s. a. Seite 50)
30 g natives Kokosöl
40 g Mandelmus
1 Eiweiß

1. Den Backofen auf 140 °C vorheizen.
2. Das Granola mit Haferflocken, geriebener Roter Bete, Amarant und Chiasamen vermischen.
3. Das Kokosöl leicht erwärmen, bis es etwas flüssig ist, und mit Mandelmus sowie Eiweiß gut unter die trockenen Zutaten mischen.
4. Die Mischung auf ein mit Backpapier ausgelegtes Backblech geben und mit einer Teigrolle zu einem kompakten Rechteck auswellen oder mit den Fingern flach drücken.
5. Die Masse 30 Minuten im vorgeheizten Ofen auf der mittleren Schiene backen.
6. Etwas abkühlen lassen und in rechteckige Knusperriegel schneiden.

Orientalische Knusperriegel

mit Tahin und Zaatar

Zubereitung: 10 Minuten · *Backzeit: 30 Minuten*

7–10 Knusperriegel

150 g salziges Granola nach Wahl (siehe Seiten 36–47)
50 g Vollkorn-Haferflocken
15 g Amarant
20 g Chiasamen (s. a. Seite 50)
½ Bund glattblättrige Petersilie, gewaschen und trockengeschüttelt
200 ml Wasser
1 Prise Salz
30 g natives Kokosöl
1 EL Tahin (Sesampaste)
1 EL Zaatar*

1. Den Backofen auf 140 °C vorheizen.
2. Das Granola mit Haferflocken, Amarant und Chiasamen vermischen.
3. Die Petersilie mit Wasser und Salz im Standmixer pürieren.
4. Das Kokosöl leicht erwärmen, bis es etwas flüssig ist, und mit Tahin, 2 EL Petersilienpüree und Zaatar verrühren. Übriges Püree in eine Suppe oder ein Salatdressing geben.
5. Die feuchten Zutaten mit den trockenen vermengen.
6. Die Mischung auf ein mit Backpapier ausgelegtes Backblech geben und mit einer Teigrolle zu einem kompakten Rechteck auswellen oder mit den Fingern flach drücken.
7. Die Masse 30 Minuten im vorgeheizten Ofen auf der mittleren Schiene backen.
8. Etwas abkühlen lassen und in rechteckige Knusperriegel schneiden.

Genusstipp:

Eine tolle Beilage zu Gemüse-Cremesuppen, z. B. zu einer Kartoffel-Lauch-Suppe, zu der auch frischer Zitronenthymian passt.

** Zaatar ist eine afrikanische Gewürzmischung u. a. aus Sesam, Thymian, Ysop, Gewürzsumach (Färber-/Essigbaum), die im Gewürzfachhandel oder in nordafrikanischen Lebensmittelläden erhältlich ist.*

Pikante Knusper-Snacks

zum Aperitif

Zubereitung: 20 Minuten · *Backzeit: etwa 10 Minuten*

7–10 Plätzchen

60 g Croccante mit Tomate, Basilikum und Parmesan (siehe Seite 42)

60 g Parmesan

1. Den Backofen auf 200 °C vorheizen.
2. Die Croccante-Mischung mit Parmesan vermengen.
3. Ein Backblech mit Backpapier auslegen und kleine Häufchen der Mischung darauf setzen. Mit den Fingern oder der Unterseite eines Esslöffels flach drücken.
4. Die Plätzchen etwa zehn Minuten im vorgeheizten Ofen auf der mittleren Schiene backen
5. Vor dem Servieren auf dem Backblech vollständig abkühlen lassen.

Knusperboden

für Gemüse-Quiches

Zubereitung: 20 Minuten · Ruhezeit: mindestens 2 Stunden
Backzeit: 15 Minuten (nur Boden), 40 Minuten (mit Belag)

für 1 Tarteform mit Ø 28 cm

40 g salziges Granola nach Wahl (siehe Seiten 36–47)
90 g eiskalte Butter, klein gewürfelt
200 g Weizenmehl, Type 550
1 Ei, verquirlt
1 TL eiskaltes Wasser

Genusstipp:
Als Belag zerkleinerte Gemüse (ungefähr 700 g, evtl. vorgegart) und Kräuter nach Geschmack auf den Knusperboden geben. 3 Eier mit 300 ml Milch, 100 ml Sahne glatt rühren, mit Salz und Pfeffer abschmecken und über das Gemüse geben. Bei 190 °C im Ofen etwa 25 Minuten fertig backen. Der Knusperboden lässt sich auf Vorrat zubereiten und abgedeckt bis drei Tage im Kühlschrank aufbewahren oder auch einfrieren.

1. Das Granola zu grobem Pulver vermahlen.
2. Die Butterwürfel und das Mehl mit den Händen oder in einer Küchenmaschine rasch zu sehr feinen Streuseln verkneten.
3. Das Ei mit Wasser und dann das gemahlene Granola kurz in die Streusel einarbeiten. Den Teig zu einer Kugel formen, diese flach drücken und in einem luftdicht schließenden Gefäß mindestens zwei Stunden im Kühlschrank ruhen lassen.
4. Den Backofen auf 170 °C vorheizen.
5. Den Teig ausrollen und eine gefettete Tarteform damit auskleiden. Zum Blindbacken Hülsenfrüchte oder Backkugeln auf den Tarteboden geben, damit sich dieser nicht wölbt, und 15 Minuten im vorgeheizten Ofen backen.

Crunchy
Coddled Eggs

Zubereitung: 20 Minuten · Garzeit: 5–8 Minuten · 2 Portionen

100 g frischer Babyspinat, gewaschen und trockengeschüttelt, oder kleingehackter Tiefkühlspinat,
1 EL Olivenöl
1 TL geräuchertes Paprikapulver, z. B. Pimentón de la Vera
2 EL Sahne oder Crème fraîche
2–3 Stängel glattblättrige Petersilie, gewaschen, Blätter kleingehackt
3–4 Schnittlauchhalme, gewaschen und kleingehackt
Salz und schwarzer Pfeffer, frisch gemahlen
2 Eier

2 EL Nuss-Oregano-Topping zum Servieren (siehe Seite 38)

Tipp: Wer Egg Coddler besitzt, das sind hitzebeständige Gefäße mit Deckel, der kann das Rezept auch darin gut zubereiten.

1. Den Backofen auf 180 °C vorheizen.
2. Frischen Spinat mit Olivenöl in einer Pfanne erhitzen, bis er zusammenfällt. Tiefgekühlten Spinat auftauen und abtropfen lassen.
3. Den Spinat mit Paprikapulver, Kräutern, Sahne nach Geschmack und etwas Salz und Pfeffer verrühren.
4. Die Mischung auf zwei kleine feuerfeste Backformen verteilen, jeweils ein Ei darüber aufschlagen und etwas Salz und Pfeffer darüber streuen.
5. Eine Fettpfanne oder ein tiefes Backblech mit etwas Wasser füllen, die Förmchen hineinstellen und die Eier fünf bis acht Minuten im Wasserbad stocken lassen.
6. Kurz vor dem Servieren das Topping über die Spinat-Eier streuen.

Hinweise & Abkürzungen

Die Temperaturangaben dieses Buches sind in °C (Grad Celsius) angegeben. Bei der Zubereitung im Backofen ist die Temperatur eines Elektroherds mit normaler Ober- und Unterhitze gemeint. Bei Umluft kann sich die Zeit verkürzen, für Gasherde beachten Sie bitte die Angaben des Geräteherstellers. Die in den Rezepten angegebenen Zubereitungszeiten sind Circaangaben. Die Löffelangaben beziehen sich immer auf das gestrichene Maß. Die in den Zutaten verwendeten Eier entsprechen der Handelsgröße M. Wird im Rezept die abgeriebene Schale einer Zitrusfrucht verwendet, möglichst unbehandelte Bio-Früchte kaufen und vor der Verwendung gründlich heiß waschen. Falls nur gewachste Früchte erhältlich sind, diese in warmem Seifenwasser fest abreiben und danach mit klarem Wasser abbrausen.

EL = Esslöffel	**Pck** = Päckchen	**g** = Gramm	**Ø** = Durchmesser
TL = Teelöffel	**ml** = Milliliter ($\frac{1}{1000}$ l)	**°C** = Grad Celsius	

Impressum

Printed in Spain 2021   5 4 3 2 1 | 2024 2023 2022 2021   ISBN 978-3-7750-0809-9

Gedruckt auf PEFC™-Materialien aus nachhaltig bewirtschafteten Wäldern und kontrollierten Quellen.

Styling: Marie Mercier · **Fotos:** Nathalie Carnet · **Übersetzung aus dem Französischen:** Franziska Weyer
Lektorat der deutschen Ausgabe: Simone Graff · **Satz und Typografie der deutschen Ausgabe:** Julia Graff,

Hädecke Verlag · Gesetzt in der Noah / Fontfabric, Mixta / Latinotype und der LiebeCook / LiebeFonts

Ein verlagsneues Buch bekommt man in Deutschland und Österreich überall zum selben Preis. Die kulturelle Vielfalt wird durch die gesetzliche Preisbindung geschützt. Auf dem Land und in der Stadt, im Internet und in jeder Buchhandlung gilt der gebundene Ladenpreis.

Kontakt zum Verlag

Sie können z.B. über unsere Social-Media-Kanäle Kontakt mit uns aufnehmen, um uns mitzuteilen, wie Ihnen das Buch gefällt, welche Bücher Sie außerdem interessieren und was Sie sich vielleicht von uns wünschen würden. Wir freuen uns auch über Post oder eine Mail. Hat Ihnen etwas besonders gut gefallen? Haben wir evtl. eine wichtige Information übersehen, die Sie sich im Zusammenhang mit diesem Buch gewünscht hätten? Können wir Ihnen bei Rückfragen zu Rezepten behilflich sein? Oder ist Ihnen möglicherweise sonst etwas aufgefallen? Wir sind neugierig auf Ihre Meinung! Mit Ihrer Rückmeldung helfen Sie uns, noch besser zu werden: **leserservice@haedecke-verlag.de**

Liebe Leserin, lieber Leser,

Schön, dass Sie dieses Buch aus unserem Verlag in Ihrer Buchhandlung entdeckt, von jemandem geschenkt bekommen oder an anderer Stelle erworben haben. Hat es Ihnen gut gefallen? Dann posten Sie doch ein Bild davon oder vielleicht von Ihrem neuen Lieblingsrezept aus dem Buch mit dem Hashtag **#genussbuch** und verlinken Sie uns!

Sie finden uns beispielsweise hier: facebook.com/haedecke.verlag · instagram.com/haedecke youtube.com/haedeckeverlag · pinterest.com/haedecke

Regelmäßige Infos

Falls Sie gerne regelmäßig und als Allererste über Neuerscheinungen oder Neuigkeiten aus unserem Haus informiert werden möchten, können Sie sich hier bei unserem Genussletter anmelden:

hvlink.de/genussletter